本书的法语原版在"实验者：巴斯德"主题展览期间出版。该展览由法国发现宫和巴斯德研究所合作策划，于2017年12月12日至2018年8月19日期间在巴黎举办。本书原版的出版也得到了疫苗公司赛诺菲·巴斯德的支持。

图书在版编目（CIP）数据

科学家如何拯救世界：巴斯德与微生物／(法)弗洛伦斯·皮诺著；(法)朱利安·比约多绘；马青译. -- 福州：海峡书局，2022.4（2024.8重印）
ISBN 978-7-5567-0907-6

Ⅰ.①科… Ⅱ.①弗… ②朱… ③马… Ⅲ.①巴斯德 (Pasteur, Louis 1822-1895) - 传记 Ⅳ. ①K835.656.15

中国版本图书馆CIP数据核字(2022)第014143号

Louis Pasteur, enquêtes pour la science
© Actes Sud / Palais de la découverte, France, 2017
Simplified Chinese rights are arranged by Ye ZHANG Agency (www.ye-zhang.com)
本书中文简体版权归属于银杏树下（北京）图书有限责任公司
著作权合同登记号 图字：13—2021—106号

出 版 人：林 彬	
选题策划：北京浪花朵朵文化传播有限公司	出版统筹：吴兴元
编辑统筹：彭 鹏	责任编辑：廖飞琴 刘毅攀
特约编辑：黄逸凡	营销推广：ONEBOOK
装帧制造：墨白空间·杨 阳	

科学家如何拯救世界：巴斯德与微生物
KEXUEJIA RUHE ZHENGJIU SHIJIE: BASIDE YU WEISHENGWU

著　者：[法] 弗洛伦斯·皮诺
绘　者：[法] 朱利安·比约多
译　者：马 青
出版发行：海峡书局
地　址：福州市白马中路15号海峡出版发行集团2楼
邮　编：350004
印　刷：北京利丰雅高长城印刷有限公司
开　本：889mm×1194mm 1/16
印　张：4.5
字　数：50千字
版　次：2022 年 4 月第 1 版
印　次：2024 年 8 月第 3 次
书　号：ISBN 978-7-5567-0907-6
定　价：68.00 元

读者服务：reader@hinabook.com 188-1142-1266
投稿服务：onebook@hinabook.com 133-6631-2326
直销服务：buy@hinabook.com 133-6657-3072
官方微博：@浪花朵朵童书

后浪出版咨询(北京)有限责任公司版权所有，侵权必究
投诉信箱：editor@hinabook.com　fawu@hinabook.com
未经许可，不得以任何方式复制或者抄袭本书部分或全部内容
本书若有印、装质量问题，请与本公司联系调换，电话010-64072833

浪花朵朵

科学家如何拯救世界
巴斯德与微生物

[法]弗洛伦斯·皮诺 著 [法]朱利安·比约多 绘

马青 译

海峡出版发行集团 海峡书局

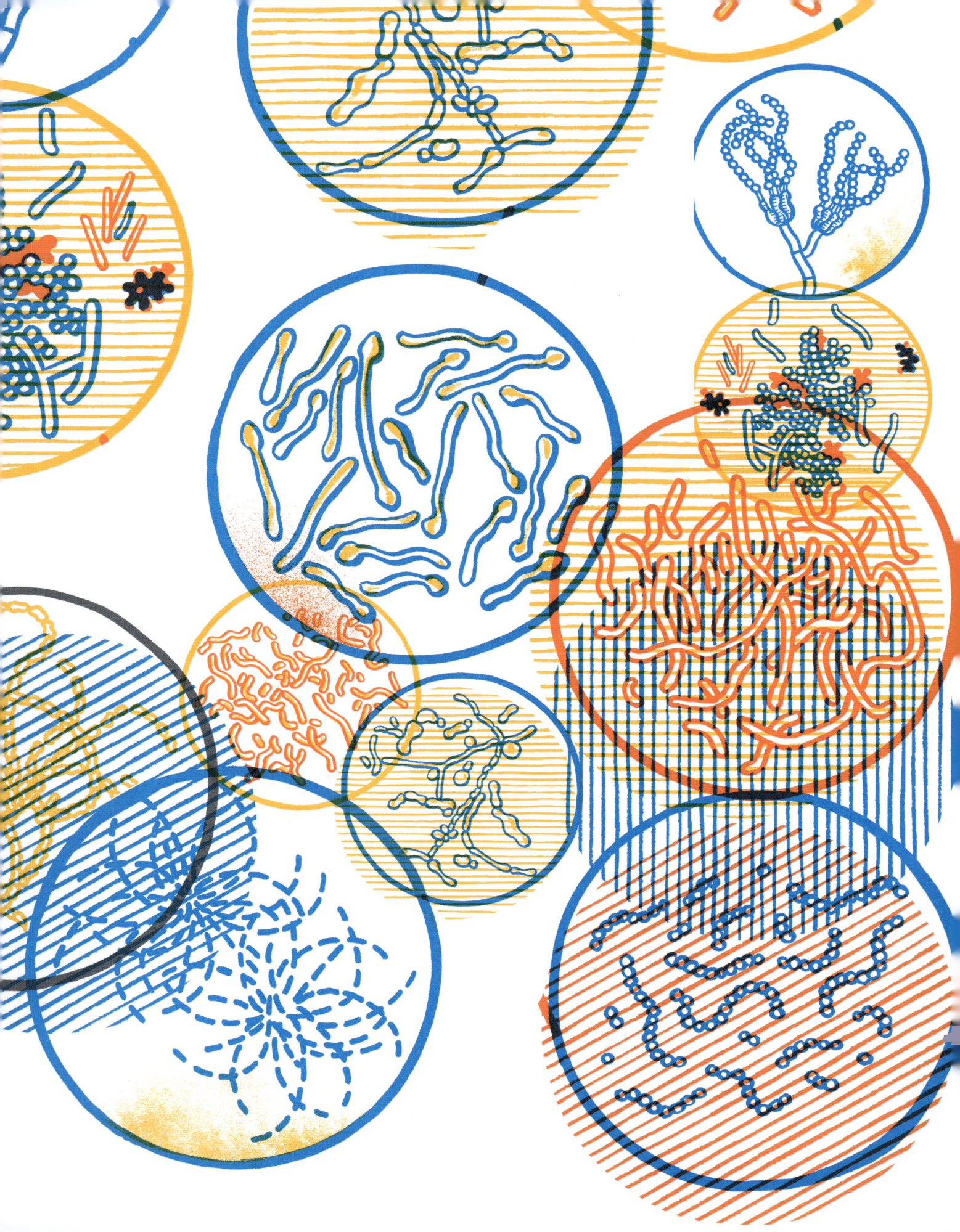

目　录

巴斯德生平大事记   **9**

科学大变革的世纪   **11**

1 - 放下画笔，拿起试管   **12**

2 - 真假难辨的酒石酸双胞胎   **18**

3 - 发酵的罪魁祸首   **24**

4 - 前后辈大对决   **32**

5 - 肆虐丝绸业的微生物   **42**

6 - 微观世界的猎手   **50**

7 - 战胜狂犬病   **60**

术语表   **68**

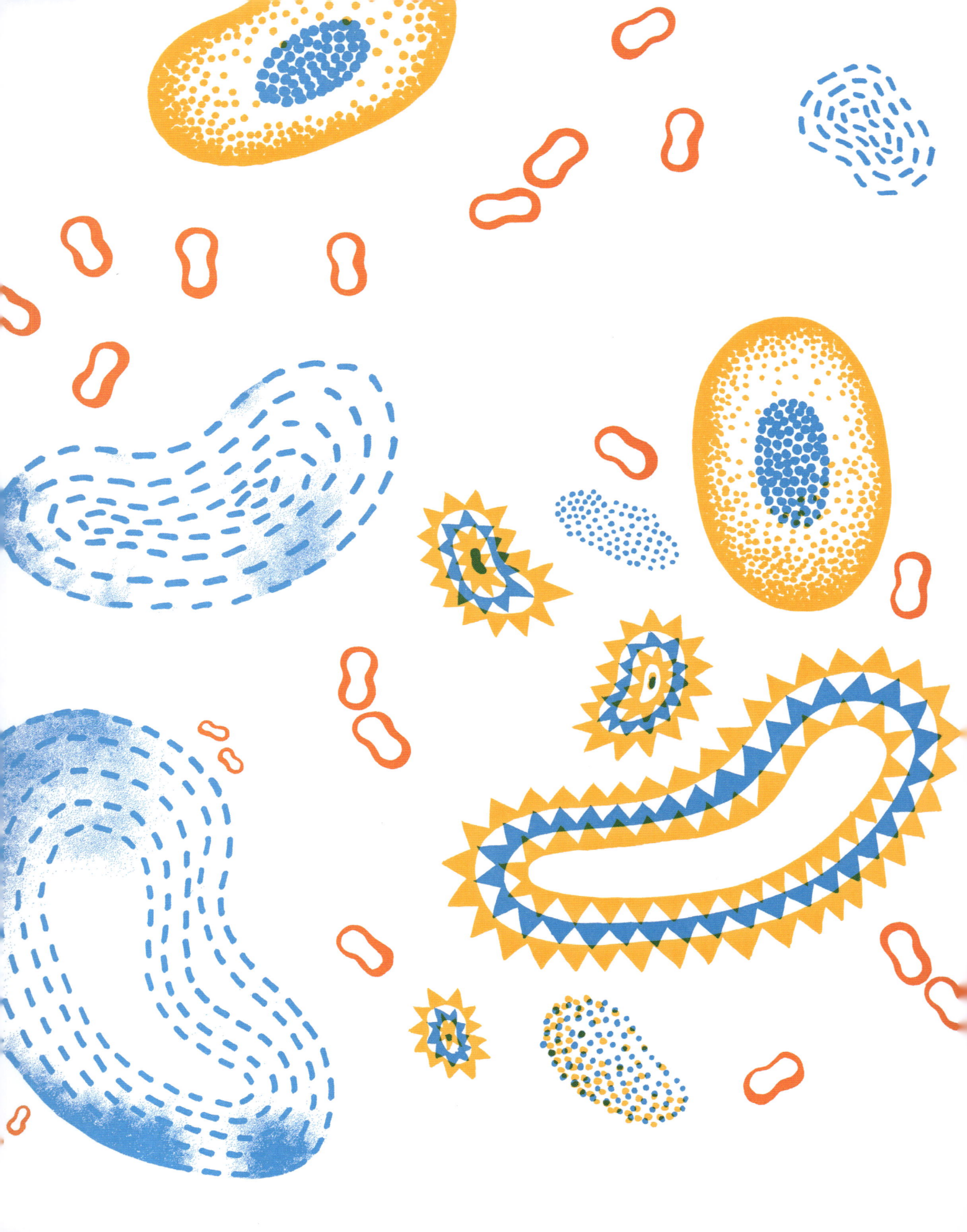

巴斯德生平大事记

1822年
12月27日出生于法国多勒市。

1848年
破解酒石酸之谜。

1849年
5月29日在斯特拉斯堡与玛丽·罗兰结婚。巴斯德与妻子共有五个孩子,包括四个女儿和一个儿子。

1857年和1860年
发表关于乳酸发酵和酒精发酵的两篇论文。

1862年
经过多次努力,巴斯德终于当选法国科学院院士,研究矿物学。

1864年
经过六年研究,巴斯德驳斥了自然发生说。

1865年
开始研究桑蚕患病问题。

1865—1866年
两年间,巴斯德失去了三位至亲。先是他的父亲让-约瑟夫,然后是2岁的女儿卡米耶。1866年,另一个女儿塞西尔也去世了,年仅13岁。

1865年
发明新的葡萄酒储存方法:巴氏灭菌法,也就是将葡萄酒先加热几分钟,再冷却保存。

1867年
因研究出巴氏灭菌法荣获万国博览会的杰出奖。

1868年
首次中风。1887年,再次中风。

1879年
他的女儿玛丽-路易丝与作家勒内·瓦勒里-拉多结婚。巴斯德非常喜爱这位女婿,还曾几次请他为自己撰写演讲稿。1884年,勒内·瓦勒里-拉多出版了关于巴斯德的第一部传记。

1879—1880年
研制出鸡霍乱减毒疫苗。

1881年
获得法国荣誉军团大十字勋章,这是荣誉勋章的最高等级。

1881年
在普伊勒堡的农场进行羊炭疽疫苗接种的公开实验。

1885年
为约瑟夫·迈斯特接种狂犬病疫苗。

1888年
巴斯德研究所在巴黎十五区落成。

1895年
9月28日去世,享年72岁。法国政府建议将他安葬于先贤祠,然而他的家人还是将其安葬在了巴斯德研究所。

科学大变革的世纪

19世纪的科学发展是一场真正的冒险。物理学家和化学家努力探索着物质的构成。那时他们还不知道物质是由一个个原子*组成的——就像人们建造房屋一样。他们发现了光速，发明了灯泡和摄影技术。生物学家了解到有一种我们肉眼看不到的小生物的存在，但对它们仍知之甚少。那时已经有了显微镜，不过功能还不够强大。科学家在实验室里进行研究的方法和学生在手工课上的简单操作并没有太大差别。

在法国大革命之后的这一百年里，法国的政权不断更迭：法兰西第一帝国、复辟的波旁王朝、法兰西第二共和国、法兰西第二帝国、法兰西第三共和国……这段时间，法国的工业发展虽然落后于英国，但还是稳居欧洲大陆的第一位。法国的工业发展先后获得了国王和拿破仑三世的支持。全国都兴建了铁路和火车站，奥斯曼男爵还对巴黎重新进行了规划。这一百年也是法国殖民地快速扩张的时期：它的版图中增加了阿尔及利亚和印度支那。随着交通的现代化发展，科学家们也开始四处旅行，他们之间的交流更为便捷。不过船只和火车也促进了微生物的传播，使得一些传染病流行开来。

路易·巴斯德出身何处

路易·巴斯德出生于法国汝拉省多勒市。他的父亲叫让－约瑟夫，是一个鞣革工。他父亲的工作就是对动物的皮毛进行处理，把它们变成皮革。他要把皮毛在大桶酸液中浸泡数天，使它们变得柔软。皮革处理间就在巴斯德家旁边，这个过程所散发出的味道非常难闻。处理皮革是巴斯德家的一项传统手艺，他的曾祖父就是鞣革工。他们的家庭并不富裕。拿破仑·波拿巴时代，20岁的让－约瑟夫去当了兵。他在西班牙打过仗，还获得了法国荣誉军团勋章的骑士勋位。约瑟夫有一些出身于资产阶级、受到良好教育的朋友，他还曾在阿尔布瓦的家中招待他们，这也许是因为他们都对拿破仑所创造的帝国充满了敬佩之情。巴斯德有一个姐姐、两个妹妹，她们都在25岁左右时因病离世。巴斯德念完小学和中学时，他的成绩并不算出色。但父亲希望他将来能够成为具备资质的教授*，于是巴斯德还是参加了巴黎高等师范学院的考试。通过文学和理学业士*考试以及师范学院的入学考试之后，21岁的巴斯德考入了大学。上学期间，巴斯德爱上了科学。获得教师资格后，他用不到20年的时间，就成了一名著名学者，一位卓有声望的法国科学院院士。

*注：所有带星号的词语在本书末尾术语表中都有解释。

1 - 放下画笔，拿起试管

　　虽然巴斯德在学校不是最出色的学生，但父亲仍然非常重视他的学业，对他寄予厚望。每天晚上，父亲都要给巴斯德讲述他当年跟随拿破仑时光辉的戎旅生涯。传奇般的故事引起了巴斯德无限的遐想。让－约瑟夫对儿子期望很高，他鼓励儿子好好学习，希望他成为阿尔布瓦这个小城里的一名中学教师。在他看来，这份工作至少比当个鞣革工好多了。

被否定的画家梦

　　巴斯德非常喜爱用彩色铅笔绘制肖像画。他在13岁时为母亲让娜－艾蒂安内特画了肖像，也会应邻居和同学的请求为他们作画。巴斯德曾认为自己将来会成为一名艺术家，但命运却给他安排了另一条路。让－约瑟夫不希望自己的儿子将来成为一名肖像画家，只能去大户人家挨个地敲门，以求得到一个订单。巴斯德一家的朋友多是受到良好教育的资产阶级，比如医院的医生，或是会在假期来到汝拉山脉度假的巴黎警卫官。让－约瑟夫希望自己的儿子也成为像他们一样的人，一个温文尔雅的绅士。巴斯德上中学后，校长罗曼尼先生劝他将拿破仑在巴黎建立的巴黎高等师范学院作为目标。这所学校致力于培养大学教师——一个高贵而体面的职业。

　　巴斯德的第一次尝试失败了。被父母送往巴黎准备考试时，巴斯德仅15岁半。在远离家乡的巴黎，巴斯德产生了浓浓的思乡之情。父亲两个月后来看他时，发现他的意志非常消沉。于是他安排巴斯德去离家50公里的贝桑松学习。在校长罗曼尼先生的帮助下，让－约瑟夫将他送入了贝桑松皇家中学准备业士学位考试。这样巴斯德就可以周末回家了。在贝桑松，巴斯德继续坚持画画，他的部分肖像画作品甚至还在学校展出了。此时他对待学业的态度比在家乡阿尔布瓦时认真了许多，因此第一年结束后巴斯德通过了文学业士考试。不过，学业比他之前想象的更难，他需要重考理学。在这两年的时间里，年轻的巴斯德满怀壮志，沉浸在学习中。

选择科学之路

第二次业士考试后,巴斯德报名参加了巴黎高师的入学考试。不过他的初试成绩不够好,他因此决定第二年再考一次。这次,他又到巴黎准备考试,对学习的兴趣也更加浓厚,就连在皇家中学时最好的朋友查尔斯想约他出去玩,巴斯德也不为所动。在索邦大学,化学家让-巴蒂斯特·杜马教授的课程受到同学的热烈欢迎。巴斯德一节不落地去听完了他的课,成了最忠实的听众之一。课程结束时,同学们为杜马教授献上了最热烈的掌声:原来做一名科学家,也可以受到大家的欢迎!

经过一年认真刻苦的学习,巴斯德很轻松地通过了入学考试,取得了第四名的成绩。他选择了化学专业,对这门研究物质的学科充满了热情。在巴黎高师,他受老师安托万·热罗姆·巴莱的影响很大,也仍然继续去索邦大学上让-巴蒂斯特·杜马教授的课程。杜马认出了巴斯德,欢迎他每周日下午去自己的实验室,并让助手教他如何处理化学试剂。

毕业后,巴斯德获得了当物理教师的资格。他很快被任命为阿尔代什省一所中学的老师。但他更喜欢在研究室做研究工作,并希望留在巴黎。巴莱教授想办法取消了这次职务任命,并把巴斯德留在自己的办公室当助手。在那里,巴斯德学习着如何做实验,并在第二年发表了两篇论文,一篇是物理学的,一篇是化学的。他开始做关于晶体的研究,并预感到自己会有非常重大的发现。

26岁时，具有教师资格的巴斯德接到了第二次任命：前往斯特拉斯堡大学任教，开始教书生涯。这是他人生中的第一份工作。他不仅由此开始了事业，还遇到了一生的伴侣。温柔的玛丽是斯特拉斯堡大学校长的女儿。为了向玛丽求婚，巴斯德给校长写了一封信，希望可以赢得他的好感。巴斯德承认自己现在并不富裕，但承诺会努力在事业上有所成就，成为被大众认可的人。他还计划以后返回巴黎工作。为了证明自己的潜力，巴斯德甚至还附上法国科学院写给他的一封信，他们表示对巴斯德的研究很感兴趣。巴斯德虽然对自己的能力颇有信心，却不知道是否可以在感情上赢得玛丽的青睐，因此忧心不已。好在最终玛丽答应了巴斯德的求婚，并在其后的几十年始终陪伴在他身边，为他在科学领域的的成功提供了重要的支持——巴斯德做了一个非常正确的选择。

婚后，巴斯德继续在斯特拉斯堡任教，并有了三个孩子。后来巴斯德获得了里尔大学教授的任命，他们便搬家到了那里，其间他们又有了两个孩子。他们俩一共养育了五个孩子，四个女儿和一个儿子。但其中有三个女儿都很早就因病去世了，只有让－巴蒂斯特和玛丽－路易丝长大成人，陪伴在父母身边。

自从学业结束后，这位年轻的物理学教授一直希望能够继续进行研究实验。在里尔，巴斯德在新建的大学中设立了装备优良的实验室。这是教学生使用试管、让他们在真实工作环境中做研究的唯一方法。巴斯德喜欢探索不同形式的物质：酸、晶体以及矿物质。那时的科学水平还远远未能拨开物质的迷雾，而他一直在努力寻找这些秘密的答案。在实验室里，巴斯德变成了福尔摩斯一样的侦探，细致地审视手中的所有线索。他用烧瓶、恒温箱和吸管这些工具，在无限小的微粒宇宙中探索。他渴望了解物质是由什么组成的、如何组成的，又是怎么在化学的作用下分解的。

2 - 真假难辨的酒石酸双胞胎

巴斯德的第一项著名科学调查是在一对"双胞胎"身上进行的:它们是两种看起来一样,却表现出完全不同属性的物质。"双胞胎"中的一种物质是酒石酸,它存在于葡萄酒桶内的沉积物酒石中;另一种物质被称为外消旋酒石酸,是法国阿尔萨斯地区的一位工人从酒桶里发现的。外消旋酒石酸看起来和酒石酸一样,成分也与酒石酸相同,但它并不是酒石酸。

谜题:
弄清酒石酸和外消旋酒石酸这两种物质的区别,虽然它们的制作原料和制作方法都完全相同。

人们将酒石酸用作纺织物的固色剂,也用它制作药物。最早的外消旋酒石酸可能是由于工人的操作失误而出现的。它是一种非常奇妙的化学物质。当外消旋酒石酸被放在水中时,它的溶解性不像酒石酸那么好。一些欧洲的科学家努力想找到导致这一现象的原因,但始终未能成功。

酒石酸呈白色粉末状,如果仔细观察,我们会发现这种粉末其实是一个个小晶体,而这正是巴斯德熟悉的领域:晶体学。科学家奥古斯特·洛朗与巴斯德同在巴黎的巴莱实验室工作,他向巴斯德介绍了晶体是多么的迷人而又复杂。在晶体学中,人们会根据晶体的外形对它们进行分类,这要求极大的耐心,因为每一个晶体都是独一无二的。不过,如果仔细观察,我们就能发现晶体也有一定的规律性:比如,石英晶体一般呈针状,而黄铁矿晶体看起来则像立方体;晶体的各个晶面大小各不相同,这取决于在它们形成时自己所处的位置。但是,同一物质的不同晶体,它们对应晶面之间的夹角却是一样的。

由于酒石酸的颗粒太小了,人们无法直接观察它们的表面(只有大一些的晶体才能肉眼直接观察)。好在巴斯德和之前的一些科学家都已经知道如何获得较大的晶体了。他们先把要观察的粉末溶于水,然后让溶液自然蒸发数天,直到其中没有水分为止。这时在容器的底部,就形成了大小约在几毫米到一厘米之间、适合观察的晶体。

线索:

德国化学家米切利希发现了这对酒石酸兄弟之间另一个奇怪的区别。将酒石酸溶于水后,它的溶液能使偏振光*发生偏转,而外消旋酒石酸溶液则对偏振光毫无作用。由于人们无法直接观察到这种溶液对光线的改变,所以要把溶液放在一种叫"旋光仪"的设备中,它能够帮助观察偏振光在穿过液体时是否发生了偏转。

　　取得较大的酒石酸晶体后，巴斯德仔细地对它们进行了研究。他发现和大多数晶体不同，酒石酸晶体是不对称的。酒石酸晶体的一侧有一个小小的半面晶面，而另一侧的对应位置却没有同样的半面晶面。巴斯德认为就是这个半面晶面造成了酒石酸双胞胎性质的不同。他用同样的办法获取了较大的外消旋酒石酸晶体进行验证。他期望观察到完全对称的、没有半面晶面的外消旋酒石酸晶体，这样就可以解释两种酒石酸的不同了。令他震惊的是，外消旋酒石酸晶体也同样只在一侧有一个半面晶面。他非常失望，但仍然决心继续研究下去。年轻的巴斯德仔细观察了数百个外消旋酒石酸晶体。经过不断的描绘、测量，他的耐心最终获得了回报。巴斯德发现虽然外消旋酒石酸晶体上也有一个不对称的半面晶面，但它的位置并不固定，有的在左侧，有的在右侧。巴斯德终于发现了其中的奥秘：外消旋酒石酸是两种晶体的混合物。

巴斯德发现这两种酒石酸之间有趣的不同之处后，迫不及待地想汇报给法国科学院，那里汇集了当时最优秀的科学家。巴斯德找到了非常了解偏振现象和酸类物质的让－巴蒂斯特·毕奥，并应他的要求当场重现了这个实验。目睹了实验结果后，这位大科学家也非常兴奋，将巴斯德的成果呈给了法国科学院，并将他的报告发表在《物理学和化学年鉴》上。就这样，25岁的巴斯德取得了职业生涯上的第一个成就。

之后，巴斯德继续进行着对酒石酸的研究。此时，巴黎的药理学协会组织了一项比赛，将奖励找出简便的外消旋酒石酸制作方法的研究人员。此前人们是误打误撞才制出了外消旋酒石酸，所以谁也不知道如何才能复制这种方法。对酒石进行加工，往往都会得到酒石酸。巴斯德了解到意大利城市的里雅斯特的一个实验室制出了与外消旋酒石酸非常相似的物质，于是他起身前往意大利，想去参观制作间并分析他们所使用的酒石。他猜想也许他们使用的是另一种酒石，才做出了特别的酒石酸。但结果令巴斯德失望，这个实验室使用的就是普通的酒石，这个可能性被排除了。带着满满的疑惑，巴斯德继续调查。后来他终于发现这个实验室在制作外消旋酒石酸的工艺上有所改变，但他们拒绝透露具体操作。于是巴斯德明白了：只要改变制作方法，用普通的酒石也能制作出外消旋酒石酸。

回到斯特拉斯堡的实验室后，巴斯德尝试了各种不同的化学实验方法，试图制出外消旋酒石酸。经过几天的实验，他找到了答案：将酒石在170℃的温度下持续加热5~6小时，酒石酸就会变成外消旋酒石酸。这个神奇的制作方法让巴斯德赢得了1500法郎的奖金，这可是一大笔钱！年仅30岁，巴斯德就被授予了法国骑士级荣誉勋位勋章。

3 - 发酵的罪魁祸首

在里尔，巴斯德既是一名化学教授，也是大学的院长。他在取得实验上的突破，又获得制药方面的奖励后，开始意识到与工业界开展合作的价值。他认为化学可以优化工厂里的生产方法。未来的皇帝拿破仑三世也曾反复强调：科学应当为法国的工业服务，为国家的现代化发展提供帮助。

在不断进行研究的过程中，巴斯德对用土豆淀粉发酵产生的戊醇产生了兴趣，而戊醇中也存在着"真假双胞胎"的现象：巴斯德发现有两种戊醇，一种会让光产生偏转，而另一种不会。戊醇和酒石酸都是在发酵过程中产生的，所以这是巴斯德第二次面对发酵的问题了。发酵可以把糖转化成酒精或酸。这种现象被广泛应用于酿造葡萄酒、酿醋、腌制酸菜、制作香肠和某些种类的奶酪等方面。但在19世纪，人们还不太了解这种现象，所以提出了两种截然不同的理论来解释发酵。第一种理论认为发酵液体中的酵母菌*是活的，正是它们导致了发酵。第二种理论则认为这些酵母菌在发酵过程中充当着被动的角色，只是这种转化过程的旁观者。德国化学家尤斯图斯·冯·李比希倾向于第二种理论，他认为发酵是一种化学反应，而酵母菌就是这一反应发生后残留下来的物质。虽然李比希是一位优秀的学者，还发明了浓缩肉汁（后来演变成了浓缩肉汤冻），但在这个问题上，他错了。

巴斯德在帮助一位学生的父亲比格先生解决问题时，无意中发现了李比希所支持的理论是错误的。比格先生有一个酿酒厂，他们用甜菜来酿酒。但是到了夏天，酒就会变质，酒桶也变得臭不可闻。巴斯德决定去现场看看，了解情况。他检查了酿酒厂的制作间，并提取了样品。

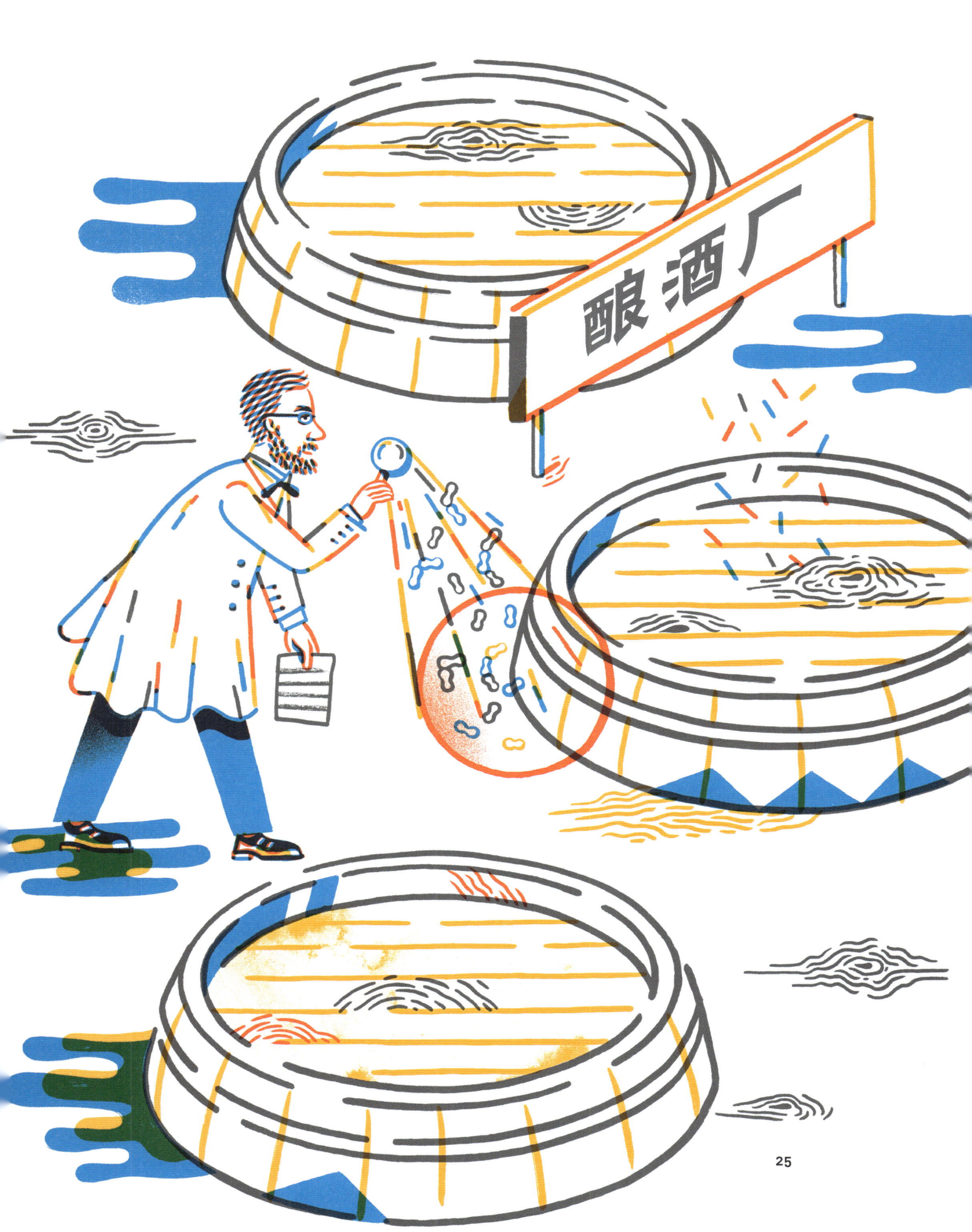

谜题：
弄清楚甜菜酒在发酵过程中到底出了什么问题，并找到应对的方法，防止酒厂的整个生产过程再被这类问题破坏。

巴斯德用取样的发酵液体做了多次实验：煮沸液体，或者加入碱，或者加入酸……在将液体与乳酸菌混合后，他看到烧瓶的瓶壁上出现了一些奇怪的小灰斑。他将少量灰斑取样并仔细观察，惊喜地发现：这些灰色的小东西会发芽、长大，就像蘑菇一样。如果这些小东西会长大，那它们一定是活的。这就证明第一种关于发酵的理论是正确的。那么，是这种活性的微生物导致牛奶变质、口感苦涩、味道难闻吗？也是这种微生物污染了甜菜酒吗？

巴斯德利用显微镜在酿酒桶里也发现了乳酸菌，而酿酒的过程中并不会加入乳酸菌。所以在酿酒前，酒桶一定没有清洗干净。正是气味和变质牛奶相似的乳酸菌污染了甜菜酒。

解决办法：
为了避免甜菜酒变质、变酸，巴斯德建议将甜菜汁煮沸。这样就能消灭其中的微生物，防止它们污染酒桶。

在这次重大发现后，巴斯德就迷上了显微镜下的微生物。从此，微生物成为他科学研究路上不辍的课题，他也成了一名生物学家。巴斯德相信空气中到处都有这样的微生物，而且它们会使牛奶和葡萄酒变质。

19世纪时，科学界对微生物知之甚少。当巴斯德发现不新鲜的奶酪中有一些丝状物时，他把这些丝状物归为纤毛虫纲（一类只有一个细胞的生物）的一种。他还发现酵母菌会发芽、生长。在为这些微观世界中的生物归类的过程中，巴斯德开创了一个全新的科研领域：微生物学。

错抓"凶手"：
40年后，两位德国科学家发现了真正导致发酵的东西：不是酵母菌本身，而是其中的一种分子*——酶。

谁让葡萄酒"生病"了？

解决了这家酿酒厂的问题后，巴斯德又开始帮助其他行业解决问题。1862年，他对酿醋产业做了很多研究。1863年，皇帝拿破仑三世要求巴斯德解决葡萄酒业出现的一些问题：一些酒庄的葡萄酒莫名其妙"生了病"，口感变得苦涩或者无味。这对于闻名遐迩的法国葡萄酒产业而言无疑是一场灾难。此时巴斯德已经是发酵领域的专家，他欣然接受了挑战。巴斯德在葡萄园主那里做了许多调查。正巧他喜欢四处旅行，也喜欢到田间地头去。这时巴斯德在阿尔布瓦安了第二个家，还买下了一个小葡萄园，这为他研究葡萄酒的酿造、观察葡萄酒的制作过程提供了便利。

与甜菜酒一样，葡萄酒"生病"也是因为受到了微生物的污染。随着观察的深入，巴斯德确定了几种纤毛虫和菌类，它们会给酿酒桶"下毒"，从而使葡萄酒变质。巴斯德必须找到一种恰当的方法来保护葡萄汁在发酵过程中不受到污染。由于葡萄汁的发酵、风味的形成都需要氧气的参与，所以密封酒桶的方式不可行。巴斯德提出一个方法：一旦葡萄酒酿造成熟，就将它们加热到60~75℃，并保持几分钟。这样就能消灭那些可能使葡萄酒"生病"的微生物，安全地储存葡萄酒。

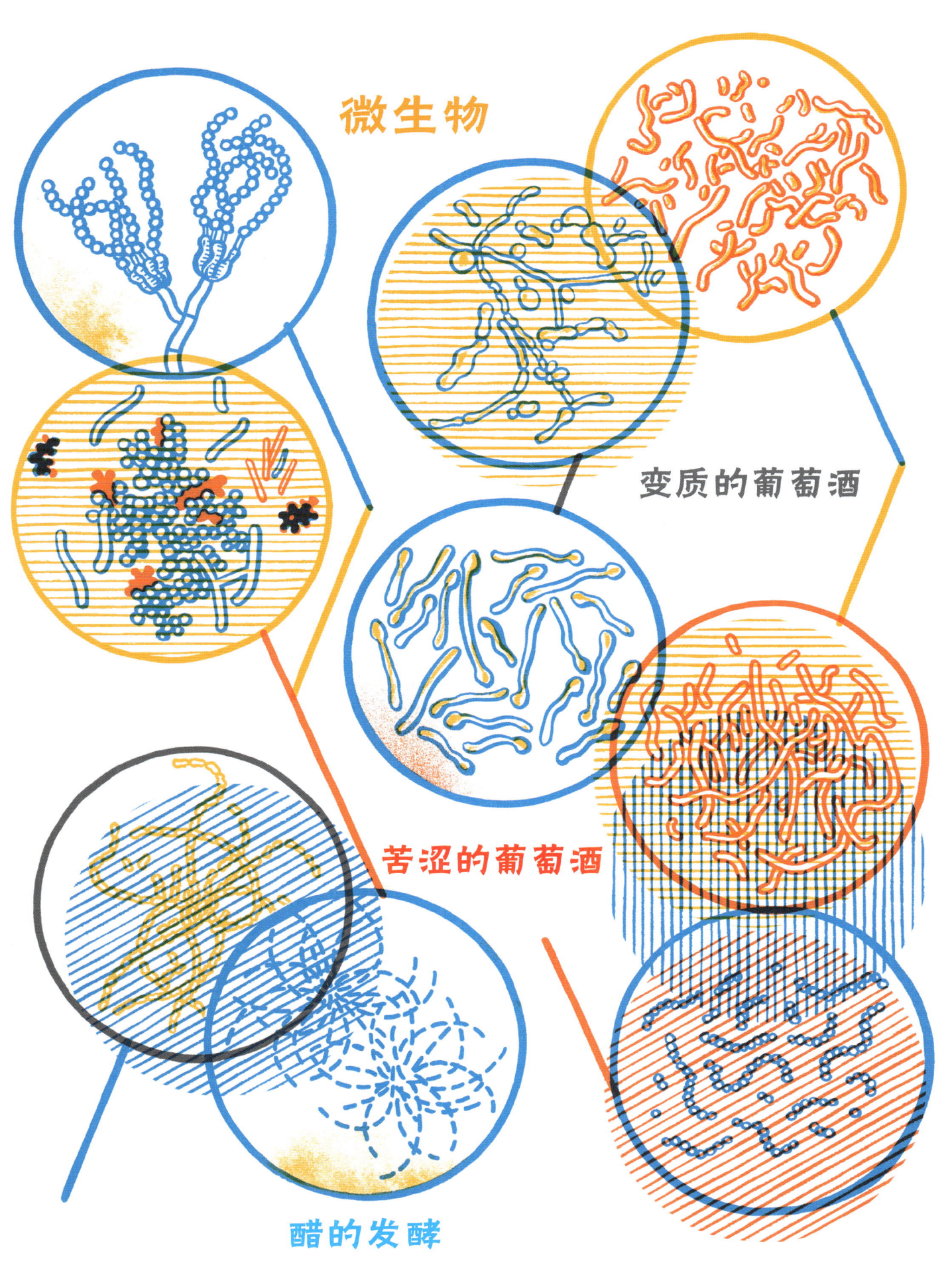

线索：

法国糖果商尼古拉·阿佩尔在1810年发明出了一种有效的保存食物的方法。他把食物放在广口瓶中，将广口瓶整个放在沸水中加热至食物熟透，再封盖保存。

此前已经有一个小葡萄园主用加热的方法保存葡萄酒，因此有人说巴斯德的方法是剽窃。但巴斯德认为自己才是这种保存方法的始创者。几年后，他也围绕啤酒（也是发酵饮料）的生产进行了研究。1870年，普法战争爆发，拿破仑三世战败退位，德国从而成了法国的敌人。于是巴斯德决心要帮助祖国酿出更好的酒，与德国的啤酒业一决高下。他能甄别出可以酿造高品质啤酒的酵母菌，还学会了如何制作高纯度啤酒，并使它们免受微生物的影响。他研究出的这种新型啤酒酿造工艺在欧洲的许多国家广受欢迎。

微生物

那时的科学家将微生物按照形状、移动方式及生存环境分类，并给它们起了很多不同的名字：弧菌、细菌*、纤毛虫、微动物、酵母菌……"微生物"这个词是查尔斯·埃马纽埃尔·塞迪约在1878年提出的，他曾是一所军医学院的院长。他建议用"微生物"来称呼所有只能用显微镜才能看到的微小生物。这一提议很快被广泛接受。

4 - 前后辈大对决

在里尔工作三年后，巴斯德获得了升职，并返回巴黎。35岁的他成了母校巴黎高师主管科研的副主任。那时学校重理论而轻实践，所以没有实验室。巴斯德决定在阁楼里自己建一个。他在那里配了设备，这样他就可以继续进行自己的研究，也可以向学生展示怎么做实验。这个阁楼成了他的大本营。

他的新研究看起来更像是一场科学上的对决，对手是比他大20岁的科学界前辈。在微生物的产生方式上，学界有两种截然相反的理论。第一种理论被称为"自然发生说"，认为在矿物质和正在腐烂的物体中，内部的原子之间会发生某些特定的相互作用，由此就能产生新生命。在17世纪，比利时人扬·巴普蒂斯塔·范·海尔蒙特做过一个"实验"来证明这个观点。他从花瓶里装着的一件脏衬衣中"变出"了老鼠。但要知道，他还在花瓶里放了一些麦粒，这就不难解释为什么老鼠会跑到衣服里了。虽然这个"实验"即使在巴斯德时代的科学家看来也是非常可笑的，但他们中的很多人依然认为自然发生说是适用于微生物的。他们认为微生物可能在任何地方凭空出现，就像魔法一样。

而第二种理论认为微生物只能从其他的微生物中诞生，就和其他所有的生物体一样。不过这种理论当时还没有被科学界证实，有一些学者和天主教会支持这一理论。天主教会认为生命无法凭空产生，因为上帝才是创造生命的那只手。

关于生命起源的论战

1859年，这场论战正式进入人们的视野。这一年，来自鲁昂的博物学家*费利克斯·阿基米德·普歇认为他找到了证实微生物自然发生说的方法。他把干草浸液放入干净的玻璃烧瓶中，加热到100℃，然后将瓶子密封。随后，人们仍能观察到浸液中长出了一些微生物。因此他认为在微生物已被加热、消灭后，新的微生物依然会出现。

> 谜题：
> 找到一个方法证明微生物不能自发产生，而是由其他存活的微生物繁殖而来。

普歇的实验似乎没有说服法国科学院，他们向全国的科学家发布了挑战任务：只要谁能够用站得住脚的实验证明或反驳自然发生说，就可以获得2500法郎。这在当时是很大的一笔钱了。巴斯德决定接受这个挑战。他观察了变质的酒类，认为它们也许是被周围空气中的酵母菌污染的。在他看来，微生物不是凭空产生的，它们一定是有"父母"的，无菌*的液体中不可能产生微生物。但要说服科学院的院士们，就必须把这一点证明给他们看。

接下来的几年间，巴斯德和普歇都试图证明自己的说法是正确的。烧瓶中加热到100 ℃然后密封的液体中到底能否产生微生物？他们用不同的液体做了实验，巴斯德用的是混合了啤酒酵母的水，而普歇则依然使用干草浸液。在一次又一次的实验中，巴斯德的烧瓶中始终清澈透明，而普歇的溶液中却总是会产生微生物。在这个实验中需要将所有使用的东西都进行无菌处理，而巴斯德认为普歇没有注意到他所用的水银槽的问题，所以才每次都"实验成功"。当巴斯德断言是空气中的微生物污染了水银继而污染了干草浸液时，普歇嘲笑他：如果空气中充满了微生物，那么空气就不应该是透明的，人们的目光也无法穿透它了。为了证实自己的理论，巴斯德设想了各种实验方法。

普歇

干草浸液，加热杀菌　　无菌培养液　　产生了微生物

巴斯德

水和酵母，加热杀菌　　无菌培养液　　始终没有微生物

为了使烧瓶中的空气更为纯净，巴斯德发明了"煅烧"空气的方法，也就是让空气流经一段灼热的铂管。普歇批评巴斯德的这种操作使得空气失去了生命力，并认为因此这样的空气才无法自然产生生命。巴斯德还想证明空气中微生物的存在，于是又发明了一种装置。这种装置可以吸入空气，并让它通过一个棉花过滤器，这有点像吸尘器的工作原理。当空气通过过滤器时，其中的灰尘就会被棉花拦截。而巴斯德在棉花中发现了微生物。但普歇并不买账，他觉得如果空气中有这么多微生物，那么一场暴风雨就足以给人类带来瘟疫了。

为了证明空气对培养液的重要影响，巴斯德带了很多装有无菌培养液的密封烧瓶进入山区。巴斯德认为这里海拔高，温度低，空气中含有的微生物应该比较少。他将烧瓶装在骡子身上，牵着骡子在阿尔卑斯山上越爬越高。到达山顶后，巴斯德把烧瓶打开一小会儿，并很快再次密封上。这个实验验证了巴斯德的猜想，多数这些瓶子中的液体依然保持无菌。比起平原及城市中的空气，山上的空气污染培养液的可能性低了很多。普歇不甘示弱，也决定在高海拔的地区做实验，不过他去了比利牛斯山的山顶。两位科学家将每一次实验的结果都报告给了法国科学院。

几年的时间里，这场论战的影响力远远超越了科学界的范畴，因为这个问题也有一定的哲学色彩：它促使人们思考，生命是否能轻易地产生。报纸杂志对此也很感兴趣。在这场论战中，双方都不乏支持者。站在巴斯德身后的是天主教会。他们认为只有上帝才能创造生命。而支持普歇的则是唯物主义者，他们并不相信生命由上帝创造（这样物种进化论才更容易被接受），而是能够轻易地从无生命物质中自然产生。值得一提的是，正是在这场论战期间，查尔斯·达尔文发表了关于物种进化机制的伟大著作，可这位英国的学者并不认为生命可以轻易被创造出来。面对这些针锋相对的观点，法国科学院也迟迟难下决断。

鹅颈瓶

为了让"未经煅烧"的空气进入烧瓶,同时避免微生物的污染,巴斯德发明了一种新的烧瓶:鹅颈瓶。他先向一个普通的烧瓶中灌入培养液。然后用钳子夹住烧瓶的颈部,并用一个高温灯加热瓶颈处,直到玻璃快要熔化。玻璃变软后,他再用钳子将瓶颈拉成细细的 S 形。这时瓶口依然是敞开的,空气可以进入。接着,巴斯德再把整个烧瓶加热,杀死培养液中原本的微生物。巴斯德认为,如果再有新的微生物想进入烧瓶,它们就会被 S 形的瓶颈阻隔,从而无法污染培养液了。果然,巴斯德装在鹅颈瓶中的液体在数年之后仍然保持透明,没有任何微生物能够进入,也没有任何微生物能在那里自然产生。直到现在,人们仍保留着巴斯德当年亲手制备的鹅颈瓶,它们依然保持洁净无菌。

"重磅炸弹"

1864年,巴斯德决定给大众来一个"重磅炸弹"。他在索邦大学组织了一场大型会议,宣布届时将当众证明他的实验,向人们展示微生物的存在。大家对此充满期待,许多重要人物受邀来到现场:大仲马、乔治·桑、还有玛蒂尔德公主(拿破仑三世的表妹)。为了令观众信服,巴斯德筹划了一出精彩的表演。在一片黑暗中,他射出一束光线,人们看见无数尘埃在光柱中飞舞。巴斯德告诉人们,如果把这些灰尘收集起来,放在显微镜下,就一定会看到微生物。他用一块棉花将光柱中的尘埃"捕获",并向大家解释这些微小的生物是如何地无处不在。巴斯德的演示大获成功,赢得了全体观众的热烈掌声。

结局：

法国科学院发布挑战五年之后，他们觉得是时候做个了结了。科学院成立了一个委员会对两位学者的观点进行最后裁决。但普歇并没有参加这场终审会议，因为在他看来，五人组成的委员会中有两人都是巴斯德的朋友，自己输定了。于是巴斯德在普歇缺席的情况下轻松胜出了。

对巴斯德而言，光荣的时刻来临了。他觐见了自己崇拜的拿破仑三世，并向他献上自己研究葡萄酒问题的报告。欧仁妮皇后邀请他前往贡比涅城堡参加一系列庆祝活动，一同出席的还有许多作家、艺术家及外国的贵族和政治人物。巴斯德并不喜欢这些社交活动，但他很小心地维护着与他们的关系，毕竟身为化学家的他明白，为实验室配备设备、进行科学研究都需要大量的资金支持。

错抓"凶手"：

很长时间以来，人们都以为普歇的烧瓶会变得浑浊是因为他的杀菌工作做得不够彻底，或者是他在实验中造了假。但事实并非如此。1872年，人们确定了枯草杆菌*的存在，才明白事情的真相。这种微生物可以在高温和干燥的条件下存活。当它处于这种恶劣的环境中时，其中形成的芽孢*会穿上"铠甲"，进入类似于冬眠的状态，直到这种恶劣的生存条件得到改善。由于干草中往往有枯草杆菌的存在，所以普歇的实验培养液即使在被加热到100 ℃时也很难彻底灭菌，最终会变得浑浊。

5 – 肆虐丝绸业的微生物

巴斯德是法国少有的研究微生物的化学家,他将在这条研究道路上长久地走下去。

1865年,他接受了一项新任务,依然是关于致病的微生物的。不过这一次的受害者是动物,与酿酒无关。巴斯德曾经的导师让-巴蒂斯特·杜马向他求助。杜马是著名的化学家,他当选了加尔省的参议员,而这个位于法国南部的省份正面临一场严重的传染病灾害。该地区的主要产业之一就是桑蚕养殖。小小的桑蚕能吐出非常柔软的丝,可以用来制作精美的纺织物。然而,一场传染病袭击了加尔省和世界上其他很多养殖桑蚕的地方,这对于桑蚕养殖业来说几乎是灭顶之灾。

这对巴斯德来说也是一项困难的挑战,因为他对昆虫并不了解。但导师杜马曾经帮助他良多,因此巴斯德还是决定放手一搏。出发前,巴斯德还在索邦大学学习了几门相关的课程,并向昆虫学家了解了桑蚕的基本知识。雌性的蚕蛾会产卵,卵孵出幼虫,也就是桑蚕。桑蚕以桑叶为食,然后会慢慢长大、结茧,最终破茧而出,变成蚕蛾。人们就是用蚕茧来制作丝绸的。

谜题:
弄清桑蚕生病的原因,并找出应对方法,从而拯救桑蚕养殖业。

对桑蚕有了基本了解后，巴斯德来到了塞文山脉的阿莱斯附近。他这次还带着妻子和女儿玛丽-路易丝，以及助手埃米尔·迪克洛和几个关系亲密的学生。这个团队搬进了一栋养殖桑蚕的老房子里。他们在花园的温室里建立了实验室，研究工作就此展开。

关于这场传染病，科学家阿尔芒·德·卡特勒法热已经注意到一些现象：得病的蚕身体表面都长有一些小黑点，就像黑胡椒颗粒，所以他把这种病称为"微粒子病"，在法语中写作"pébrine"，这个词来源于"pebre"，在普罗旺斯当地的语言中意思是"胡椒"。

要想解决问题，首先要对桑蚕养殖业有充分的了解。于是巴斯德一行人参观养殖场，观察桑蚕如何发育，并收集、解剖病死的桑蚕，寻找其中的微生物。在工作间里，学生们不断地用显微镜观察样本，并将一切可疑的地方记录下来。经过数月的观察，团队发现生病的蚕蛾身体上有一些小微粒，而且有些生病的桑蚕身上也有。

线索：
当时，意大利的动物学家也发现了这些生病的桑蚕身体表面的微粒。博物学家埃米利奥·科纳利亚注意到，病蛾产下的卵中有微粒的卵比例很高。因此他建议检查蚕卵，只保留未受到感染的。但在当时，他提出的解决方法并没有引起人们的重视。

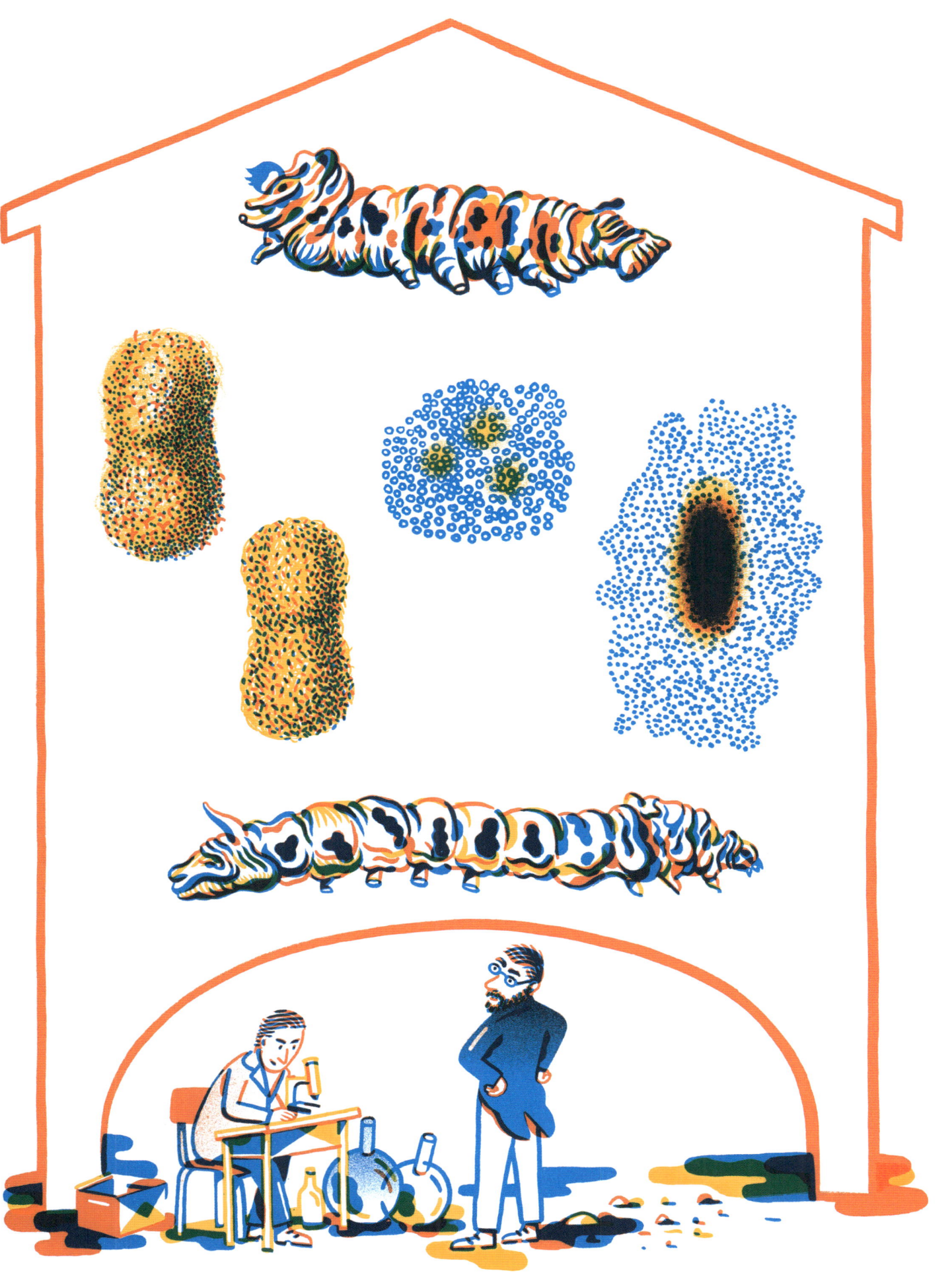

通过研究，巴斯德注意到是生病的蚕蛾将这些小颗粒传播到了它们的蚕卵身上，从而感染了自己的后代，也就是桑蚕。为了控制病情，巴斯德认为不应该让已经被感染的桑蚕孵化出来，因为反正它们最终会在吐出蚕丝前就死去。相比桑蚕，团队在蚕蛾身上检验到了更多的微粒，因此蚕蛾成了重点研究的对象。他们采用的方法较为激进：每只雌蛾在一小块布上产卵后，他们就把这一只雌蛾和与之配对的雄蛾都放在纸桶中杀死；等尸体干燥，就将其浸在水中，再辗成浆沫，然后放在显微镜下观察。如果发现微粒，就证实这是患病的蚕蛾，那么就要把这对蚕蛾所有的卵和产卵时用到的布都烧掉。如果没有发现微粒，那么它们所产的卵就是健康的，能孵出健康的桑蚕。

巴斯德建议养蚕人用这种方法排查患病的蚕蛾。他们只要学习如何磨碎蚕蛾，并在浆沫中寻找黑色的微粒就可以了，方法很简单。不想自己操作显微镜的养殖户还可以把他们的蚕蛾送到实验室里去检测，这样他们就可以避免白白喂养长大后无法吐丝的病蚕。一开始，大多数养蚕人都不相信这种方法。幸运的是，有几个人愿意尝试，并且成功地解决了问题，于是其他人也自然接受了。

不过人们高兴了几个星期之后，发现情况又变得不妙。即使他们对蚕卵进行过筛选，但还是有一些桑蚕生病了。病蚕不再吐丝，而且很快身体变软，继而死去。巴斯德的团队也不明白这是怎么回事。科学家们付出了艰巨的努力，却仍然一筹莫展，他们也非常沮丧。不过很幸运，巴斯德又有了新的假设：也许致病的病菌有两种，而非一种。这就是为什么有的病蚕没有像其他的病蚕一样患上微粒子病，但最终仍会死去。巴斯德的激情和玛丽的支持鼓励了年轻的化学家们，他们重新投入了研究中。经过数百次的分析，他们终于在病蚕体内发现了致病微生物的存在。但这些病蚕是怎么被感染的呢？这种病是像微粒子病一样由蚕蛾通过卵传递的吗？

在这个问题上，巴斯德发现了两条线索：一是有些病蚕并不是在桑树上长大的，它们吃的不是新鲜桑叶，而是保存在潮湿的库房里的桑叶；二是一些病蚕是在桑树上长大的，但是曾有患病的蚕也接触过这些树。这样看来，致病微生物是从树叶上来的。当桑叶被长时间地储存在潮湿的环境中，或接触过病蚕的粪便，这种微生物便会在树叶上繁衍。

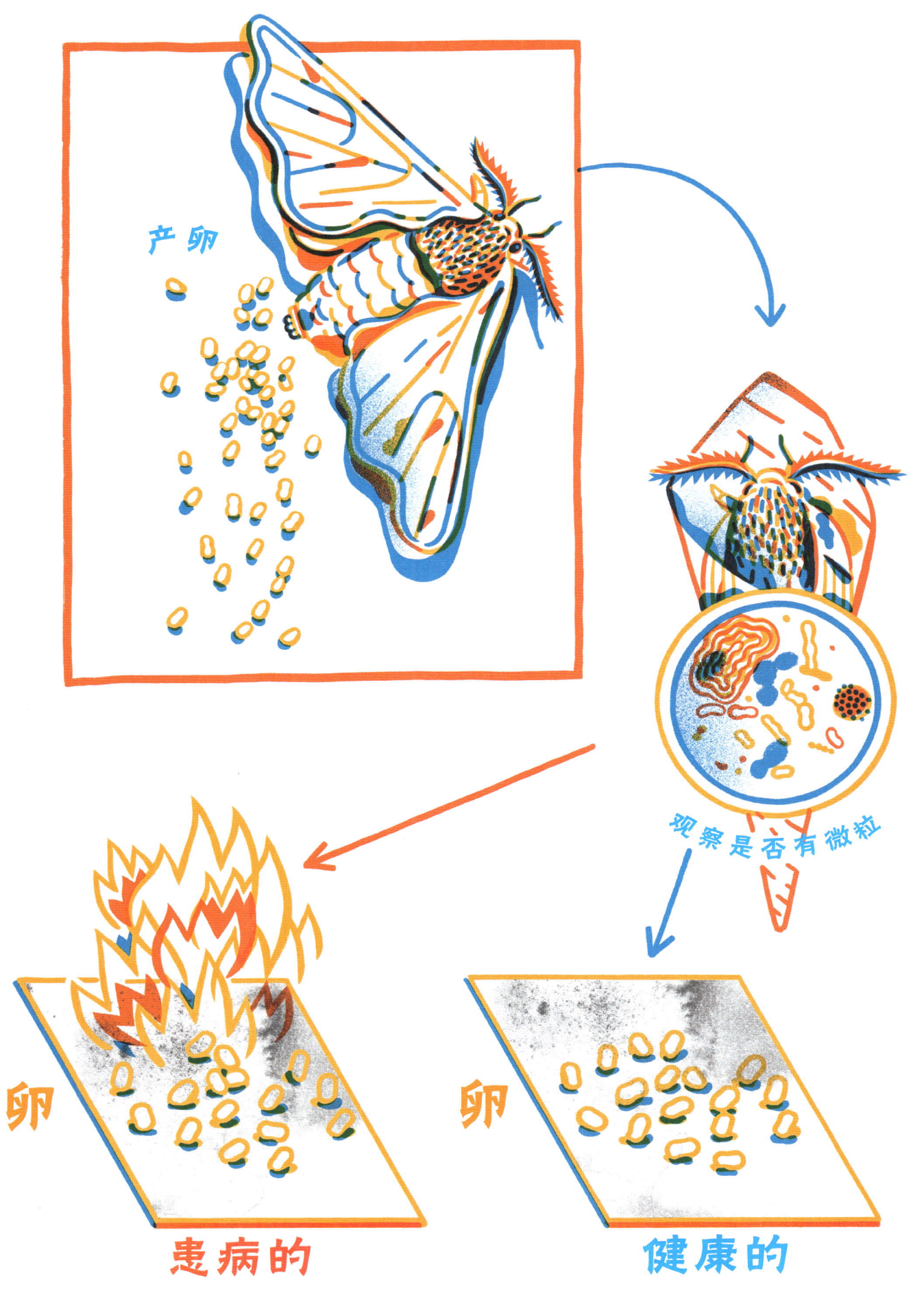

> **解决办法：**
>
> 明白导致桑蚕患病的有两种病菌后，巴斯德想到了第二种方法来保护桑蚕。为了避免桑蚕被感染，必须让它们食用健康的桑叶，并让存放桑叶的仓库保持通风。人们还要把那些病蚕接触过的桑树都砍掉，因为致病的微生物已经留在了这些树上。终于，桑蚕养植主们能够把桑蚕健康养大，收获珍贵的蚕丝，而不用担心蚕病的困扰了。

找到这两个行之有效的方法后，巴斯德的成功引起了轰动。拿破仑三世还邀请他去一个意大利养殖场待几个月，解决那里肆虐的流行病问题。巴斯德再次拯救了一个产业：丝绸业。在当选法国科学院院士之后，巴斯德又被拿破仑三世提名为帝国上议员，名气越来越大。

在塞文山脉进行研究期间，巴斯德时不时回到巴黎，指示巴黎高师的工作。但他非常专制，所以很多学生都不怎么喜欢他。比如，有一天学生们觉得食堂提供的炖羊肉太难吃了，拒绝食用。巴斯德得知后就命令食堂在接下来的每个星期一都要继续提供这种炖羊肉，并且惩罚不吃的学生。另外，他还宣布要开除所有吸烟的学生。许多学生非常愤怒，决定退学。教育部部长好言相劝，才让学生们返回学校。然而接下来又发生了一件事，彻底结束了巴斯德在高师的领导生涯。当时，学生们举行集会支持一位反对书籍审查的参议员，而负责学校纪律的巴斯德开除了其中一名学生。在法国这样一个推崇共和与自由的国度，巴斯德对学生的这种处罚让人很难接受。于是，学生们纷纷抗议，一些报纸也对学生们表示支持，教育部部长只好罢免了巴斯德在巴黎高师的职务。

6 - 微观世界的猎手

加尔省的桑蚕事件过去之后，巴斯德开始往返于位于巴黎高师的实验室和阿尔布瓦的家中，但他的身体情况变得不太好。学生抗议事件一年后，他发生了第一次中风。好几个月的时间里，他几乎是半瘫痪的状态，需要重新学习走路。而且他的操作也不再精确，每次做实验都需要助手的帮助。巴斯德以往工作的保密性都很高，也没有和他人一起工作的习惯，但现在的他已经无法离开这样的辅助。虽然巴斯德的身体发生了意外，但他的工作量还是很大。越来越多的人们找他解决流行病的问题。那时距离抗生素的发现还有半个世纪之久，很多疾病对人们来说都是致命的，一次流行病往往会导致成千上万人失去生命。巴斯德自己就经受了这种痛苦，他的三个女儿都很早就夭折了，其中两个都是死于伤寒*。

对那时的科学家来说，微生物世界里的一切都是全新的。细菌、病毒*、酵母……必须学会如何识别、培养这些微生物，才能了解它们是如何进化发展的。1865年，巴斯德试图在巴黎的拉里布瓦西埃医院里追踪引起霍乱的致病菌。他在病房的空气中寻找霍乱菌未果，因为其实它们是潜伏在病人的血液中的。虽然他的尝试失败了，但每次寻找微生物的过程都让巴斯德有所收获，他对在哪里寻找、如何寻找微生物等更有经验了。

然而，在这场与微生物的战斗中，巴斯德却感到非常孤独。因为在这个时期，公众还很难相信这些小得看不见的东西会导致一匹马或者一个人死亡，甚至连医生都不认为微生物是致病的原因。在他们看来，疾病是一种神秘的现象，早在病人患病前疾病就已经潜伏在他们体内了，当身体状态失衡时，疾病就会暴发。而且每个医生都有自己治疗疾病的独特方法：给病人放血或让他们浸泡在冷水中，让他们禁食又或是喝很苦的药水或烈性酒……

巴斯德与实验室的团队在一起的大部分时间都在观察微生物。由于这是一个全新的研究领域，很多工作都要他们亲自动手完成。为了保持微生物的活性，巴斯德会把它们保存在尿液中或动物的小肉块上，以便它们能够获取足够的养分。为了让微生物"说话"，巴斯德用各种方法"折磨"它们：将它们放在酸中、加热、干燥、吹风……他想了解它们喜欢什么，不喜欢什么。团队中那些才华横溢的研究人员都成了巴斯德密切的合作伙伴。虽然他严厉而专制的个性已经众所周知，但还是有很多有天赋的年轻人愿意和巴斯德一起工作。自1862年起，埃米尔·迪克洛开始与巴斯德合作。除此之外，还有一些人也加入了他的团队，如生物学家查理斯·尚贝兰以及医生埃米尔·鲁。他们都向巴斯德提供了非常宝贵的帮助。

棋逢对手

在这场科学的竞赛中，巴斯德遇到了一位非常厉害的对手：德国人罗伯特·科赫。科赫比巴斯德年轻得多，对微生物也极感兴趣。他在自己的诊所旁设立了一个实验室。在妻子和女儿的帮助下，他发明了一种新的培养微生物的方法，比巴斯德的更为有效。那就是把微生物保存在透明的食物明胶中，这样便于分离并获取微生物中不同种的菌群。仅仅用了几年的时间，科赫就声名大噪。在寻找导致流行病的细菌的过程中，他是巴斯德的主要竞争对手。巴斯德发现了导致产妇感染产褥热*而死亡的链球菌*，科赫也发现了伤寒杆菌、白喉*杆菌以及后来的霍乱弧菌*。但巴斯德不是医生，他少有机会接触病患。而且，虽然他当选了医学科学院院士，但一些医院并不喜欢让他进去工作，医生们对他的理论感到恼火：他们不愿承认病人可能由于医生的双手或器皿上的微生物而生病。医生们也不想把所有的东西都用火焰或者酸液消毒，就为了消灭肉眼根本看不到的所谓细菌。

迪克洛　　　尚贝兰　　　鲁

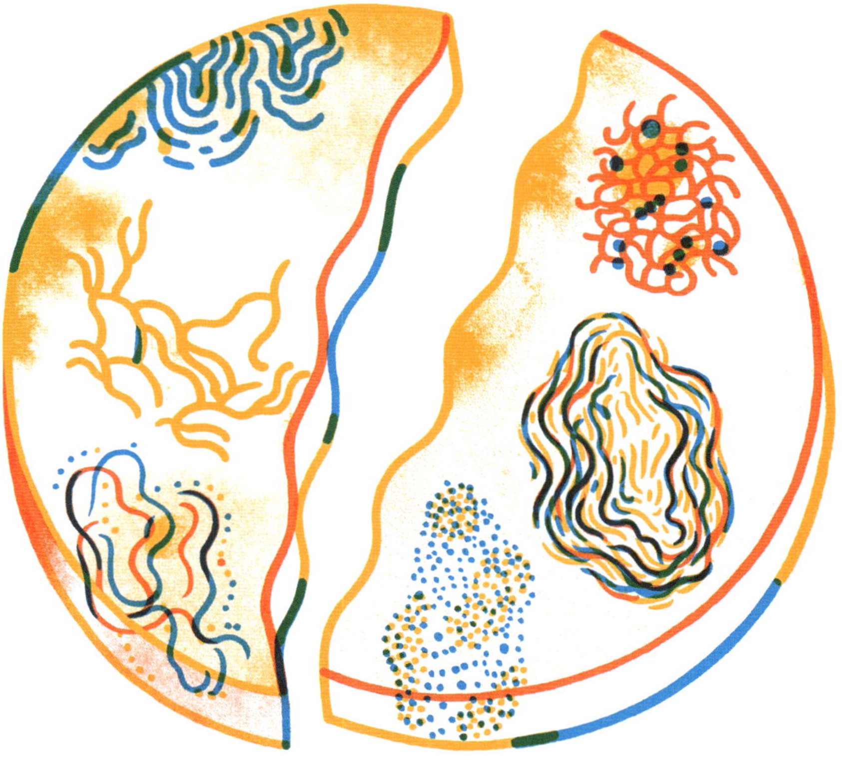

科赫

谜题：

如何减弱微生物的致病力，让它们不再使人类和动物生病。如何用微生物研制出疫苗。

应农业部部长的要求，巴斯德开始研究那些在农场动物中流行的疾病，它们几乎要压垮农民的生活了。在这些流行病中，他首先开始研究"鸡霍乱"，这种病的症状类似于造成人类大量死亡的霍乱。他意识到改变微生物生活的环境可以使它们的致病力减弱。这就意味着达到特定的条件后，它们就会丧失毒力，不再致病。

论据：

发明疫苗的人叫作爱德华·詹纳。1796年，这位英国医生注意到给奶牛挤奶的农民从不会得天花。而奶牛却经常得一种不太严重的病，叫牛痘，它的症状看起来和天花有点像。如果让人们和奶牛接触，感染牛痘，人们是不是就不会再染上天花了呢？

詹纳对这一猜想进行了验证。他提取得病的奶牛身上的牛痘液，并注入不同的人体内。他注意到，即使天花疫情暴发，这些注射过牛痘液的人也不会感染天花了，这是因为牛痘病毒相当于一种毒力减弱的天花病毒，感染牛痘能使病人的身体对这种病毒产生记忆，当类似的天花病毒入侵的时候，人体就能够及时发现，并在天花病毒致病前将它消灭。这种预防疾病的方法被命名为"疫苗接种"，这个词也正是来源于"牛痘"（译注：在英语里，"疫苗接种"为vaccination，来源于拉丁词vacca，也就是牛的意思）。

鸡霍乱
致病细菌
注射
动物得病
减毒病菌
注射
动物获得免疫力

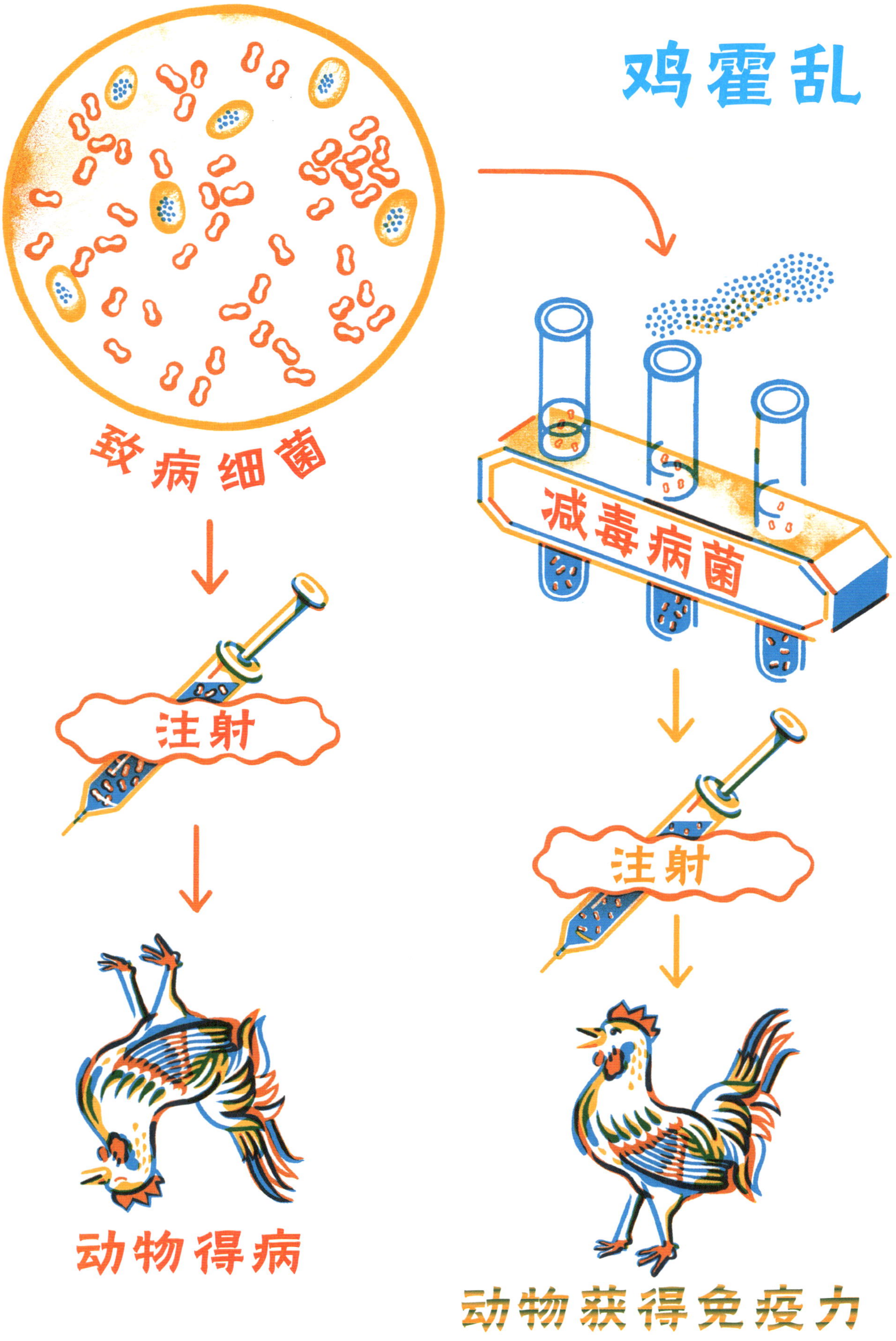

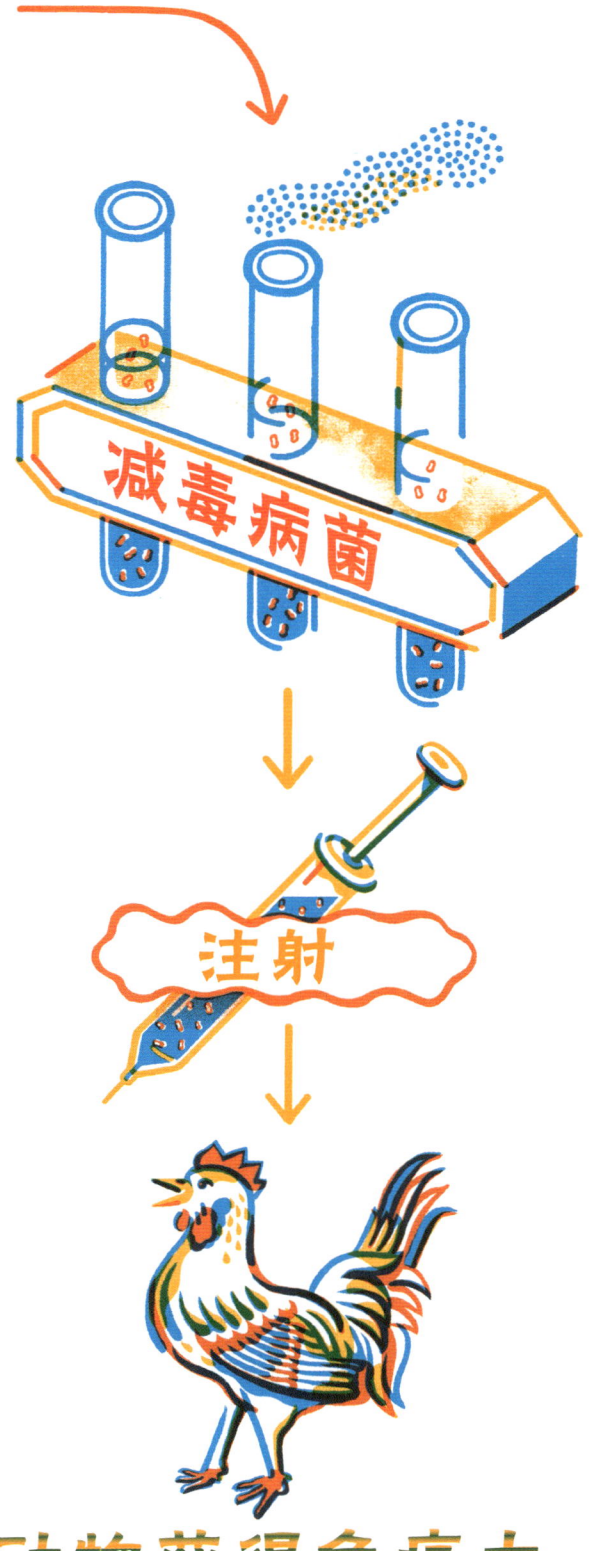

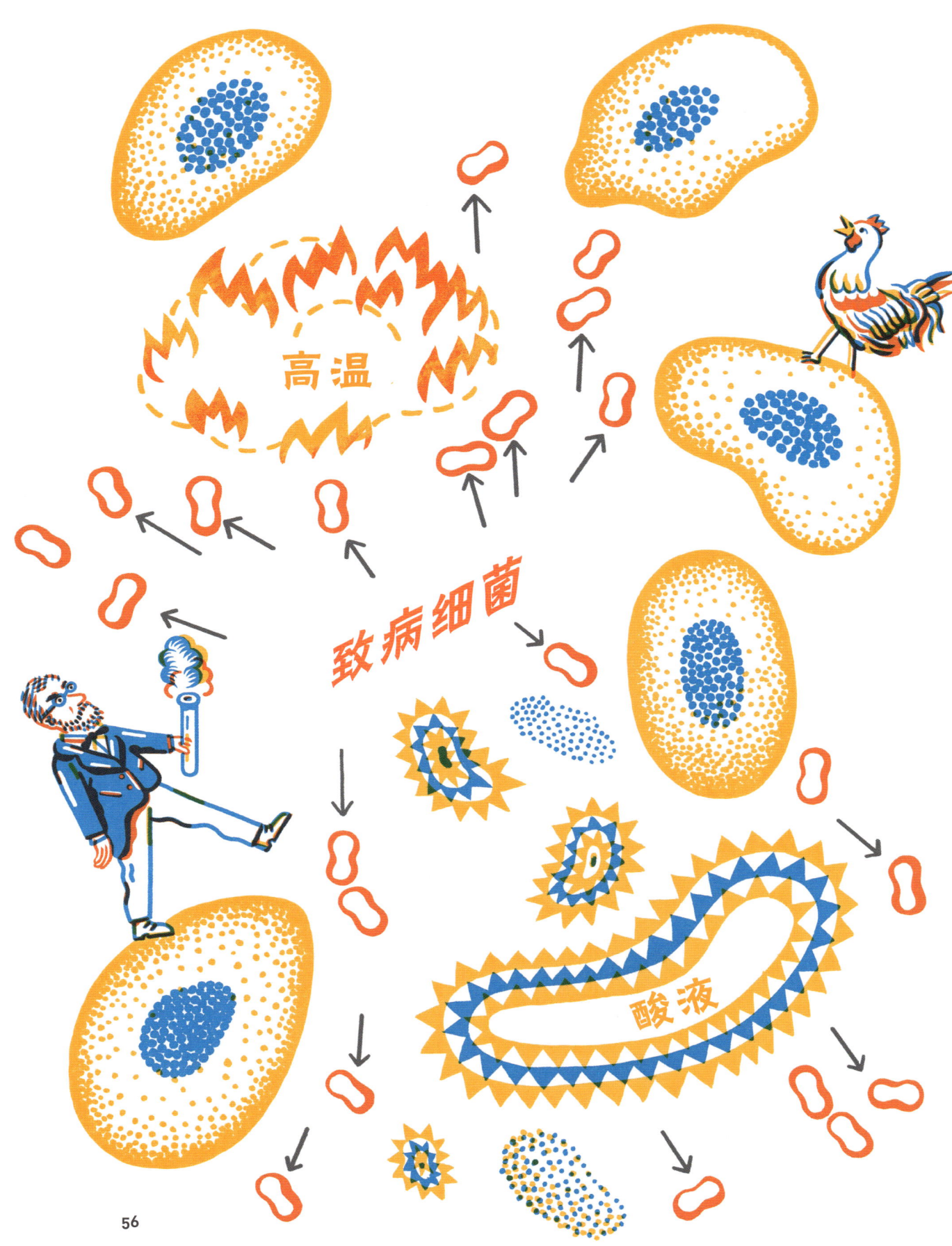

通过反思詹纳的发现，巴斯德很快意识到注射经过减弱毒力的微生物可以对动物产生保护效果。当时"疫苗"一词的含义仅限于注射牛痘液、预防天花，但巴斯德建议将所有通过注射减活微生物来预防传染病的方法纳入这个词的范围中，疫苗的概念就此诞生。为了降低导致鸡霍乱的病菌的活性，巴斯德尝试让它们与空气接触，它们的毒力果然减弱了。虽然巴斯德对其中的原理还不甚了解，但这一方法确实行之有效。他做了大量的实验来确定能让鸡得到有效保护的接种次数，从此再也不用担心注射过疫苗的鸡感染鸡霍乱了。

解决办法：

为了保护动物不感染疾病，要找到方法降低致病菌的毒力，然后制造出相应的疫苗。有些病菌与氧气接触就会降低毒力，而有些是在受热后，还有些是在浸入酸液时……每一种微生物的弱点都不相同，这就是需要科学家们解决的问题。

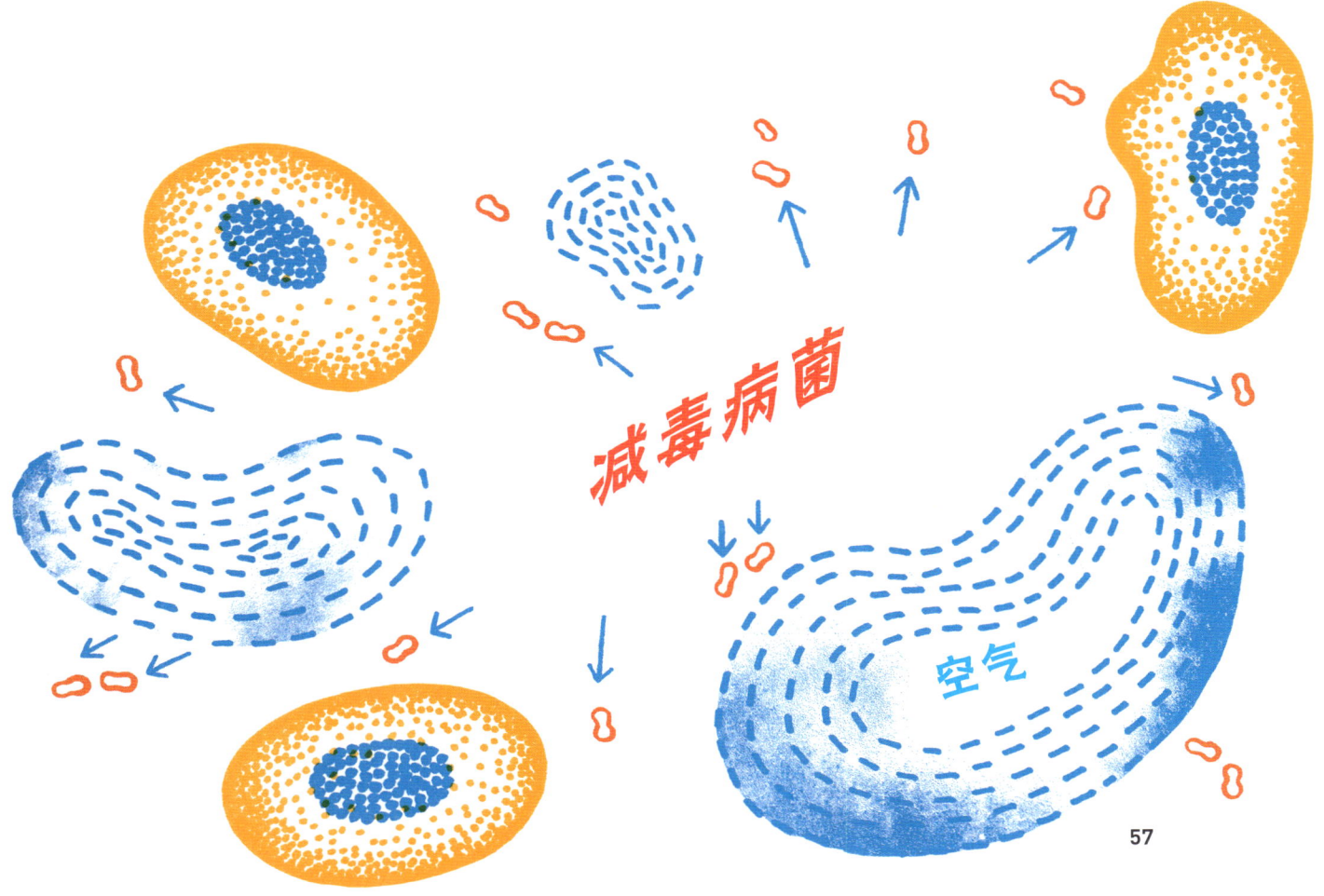

巴斯德面对的下一个挑战是羊炭疽病。和解决鸡霍乱一样，他也需要找到一种降低羊炭疽病菌活性的办法来制造疫苗。但他很快就遇到了一个大难题，炭疽杆菌非常狡猾：遇到威胁时，它的内部会形成芽孢并披上一层"铠甲"，就像枯草杆菌一样（见第40页）。这层铠甲让它能够抵御极端条件，比如高温、食物缺乏等。这一次，巴斯德面临的挑战是双重的：要找到降低炭疽杆菌致病性的方法，还要防止它形成芽孢。

经过多次实验，巴斯德和他的合作伙伴们找到了两种方法来制作减毒疫苗。第一种方法是巴斯德发明的：在42~43 ℃的条件下培养炭疽杆菌，然后让它与空气接触，衰减毒力。第二种方法是查理斯·尚贝兰和埃米尔·鲁发明的：在一种抗菌的化学物质中培养炭疽杆菌，阻止它的继续生长。

有一名兽医希望巴斯德公开验证他声称找到的疫苗的效果，巴斯德欣然接受。现场实验在塞纳－马恩省普伊勒堡的一个农场进行。巴斯德叫上了查理斯·尚贝兰和埃米尔·鲁这两位合作伙伴一起进行实验。埃米尔·鲁是医生，他为50只羊中的25只注射了疫苗，并在它们耳朵上打洞以示区别。约三周后，他为所有的羊注射了具有完全毒力的炭疽杆菌，观察其中哪些会得病。等待的过程很难熬。约一周后，注射了疫苗的25只羊全部都活了下来，而其他的都死了。许多名人和记者都见证了这一结果，并向巴斯德表示祝贺。不过，巴斯德没有指出这次实验所用的疫苗是用他的两位合作伙伴提出的方法制作的，而非他自己的。实验成功后，巴斯德和尚贝兰一起建立了羊炭疽疫苗的制造工厂，将疫苗销往全世界。

羊炭疽病菌

7 - 战胜狂犬病

巴斯德的最后一次科学冒险终于使他永垂史册。今天，在法国的大多数城市都能找到一条"巴斯德路"，他也是在外国最为知名的法国科学家。大家都知道他制造出了第一支狂犬病疫苗。为什么巴斯德会对这种病产生兴趣呢？也许是因为在那个时代尝试去战胜狂犬病就像一场大胆的赌博。在当时，狂犬病极其神秘，没有人发现引起狂犬病的微生物。虽然当时法国每年只有几百人因狂犬病而死，但是它导致的幻觉和麻痹等反应令人害怕。

这一次巴斯德的对手是病毒，它大约只有细菌的1000分之1大，往往藏在细胞的内部。19世纪，显微镜的放大倍数不足以看到病毒。直到人们发明了电子显微镜，它们才得以被观察到。狂犬病毒不仅难以被发现，而且无法在玻璃瓶或烧瓶中被培养。但巴斯德没有放弃。为了找到可以使狂犬病毒毒力减弱的生存环境，他试着将病毒从一种动物传播到另一种动物身上。他先采集了一只患病的狗的唾液，注射进另一只狗的身体，结果第二只狗也患上了狂犬病，这证明病毒传播了。然后他给兔子注射病狗的唾液，兔子也患病死去。随后他又给多种动物注射病狗的唾液、血液，甚至是大脑组织或脊髓*。结果这种小小的病毒从狗传播到兔子，又传播给下一个、再下一个动物……他在数百只动物身上做了实验，它们无一幸免。另外，巴斯德用以往的方法来培养和分离狂犬病毒，也没能得到结果。

几个月之后，巴斯德终于找到了办法。他发现患病猴子的唾液中的病毒不足以再感染一只狗了，但又足以使身体系统学会如何对抗狂犬病毒，由此可以制出疫苗了。

谜题：
找到在人已经被病狗咬伤的情况下（也就是人已经感染了狂犬病毒），还能够对狂犬病产生免疫的方法。

但这次的挑战比以往更为严峻，因为狂犬病毒也会传染给人。要想让染病的人痊愈，必须阻止病毒在人体内继续发展。狂犬病有潜伏期，人被患狂犬病的狗或者狼咬伤后，大概要过一个月的时间，病才会发作。巴斯德利用了这一时间差。他希望人体在狂犬病还没有发作的这段时间里能学会如何"制服"它。

巴斯德的直觉是对的，实施起来却很难。首先要做到降低狂犬病毒的毒力，不能把致病力太强的病毒注入人体。但当时的科学家甚至连病毒是什么样子都看不到，怎么才能确定不同阶段应该注射的疫苗剂量呢？

解决办法：
狂犬疫苗能被成功研制出来多亏了埃米尔·鲁。当时科学家们已经知道狂犬病毒在兔子的脊髓和大脑中的存活状态非常好，因此埃米尔医生使用了一种特殊的方法来保存病毒。他将兔子的脊髓悬挂在玻璃瓶中。这种玻璃瓶有两个出口，便于空气流通。瓶子的底部放置着钾盐，用于吸收水分，使空气变得干燥，将染病的脊髓逐渐脱干水分。脱水状态下，病毒的毒力就变得越来越弱了。

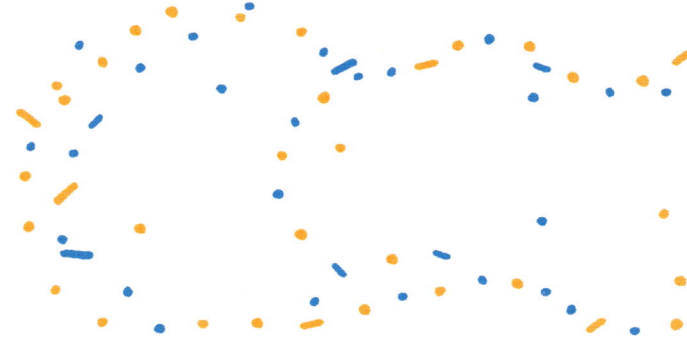

有一天，巴斯德看到了埃米尔医生放在架子上的、保存有脊髓的玻璃瓶。他很懊悔自己怎么没有首先想到这个办法，同时把埃米尔的玻璃瓶带回了自己的办公室。这能帮助他研究开发出狂犬疫苗。巴斯德每从瓶子里取出一小块脊髓，都会仔细标注上日期，以便精确记录病毒毒力减弱所需要的时间。他的想法是先向实验动物的体内注射脱水了较久的病毒，然后再注射脱水时间较短的、较新鲜的病毒。这能让身体逐渐学会在面对越来越强大的病毒时保护自己。他先注射毒力衰减了15天的脊髓，再是衰减了12天的，然后是衰减了10天的……经过几个月的时间，这种方法被证实有效。即使是已经感染了狂犬病的狗，当它在两周内被注射了十多次减弱毒力的病毒后，也不会狂犬病发作了，因为它的身体学会了如何"抵抗"这种病毒。但当埃米尔知道巴斯德拿走自己的玻璃瓶后，他非常生气，从此疏远了巴斯德。不过后来，当新的疫苗引发争议时，他又回来帮助和支持巴斯德了。

故事后来的发展就是巴斯德一生中最为人津津乐道的事迹了。虽然他的疫苗只在狗身上进行了实验，但巴斯德认为这应该同样对人有效。可是，医生们对此并不认同，甚至埃米尔·鲁也表示反对。第一个亲身实验狂犬病疫苗的是一个九岁的孩子，叫约瑟夫·迈斯特。1885年7月4日，这个来自阿尔萨斯的小男孩被杂货铺里一只得了狂犬病的狗攻击了。他的身上有多处咬伤，很可能被感染了病毒。绝望之下，他的母亲带着他来到巴黎，找巴斯德寻求帮助。她希望说服巴斯德在她儿子的身上测试疫苗。巴斯德很犹豫，但不注射疫苗的话孩子极有可能因此而死，最终他还是决定试一试。他为约瑟夫安置了一张病床。这时埃米尔医生已经离开了巴斯德，儿童医院的儿科主任雅克·约瑟夫·格朗谢为小约瑟夫注射了疫苗。狂犬疫苗分13次注射，每针中病毒的毒力逐渐增强。被接种扎针或许很痛，但幸运的是约瑟夫身上的狂犬病没有发作，他痊愈了。

这次未公开的实验取得成功后不久，巴斯德用同样的方法又治好了一个被疯狗咬伤的小牧羊人。之后，巴斯德在科学院正式汇报了这两次治疗。虽然一两次实验不足以得出结论，但很快就有其他狂犬病患者来到巴斯德的实验室寻求帮助。前来求助的人越来越多，有的是希望注射疫苗作为预防措施；有的是已经被狗咬了，希望能阻止发病，甚至还有从俄罗斯的斯摩棱斯克和美国远道而来的患者。但与此同时，总有反对者想方设法攻击巴斯德的治疗方法，在埃米尔医生的帮助下，一些关于狂犬病疫苗的争议得到了平息，这种新型疫苗终于获得了承认。但巴斯德的实验室实在容不下不断涌入的病人，因此巴斯德希望设立一个研究所，来传播并不断完善治疗手段。医学科学院支持了他的想法。为了获得资金支持，巴斯德在许多报纸上发起了募捐。最终他在世界范围内筹集到了200多万法郎。

距离小约瑟夫第一次注射狂犬病疫苗三年后，巴斯德研究所在巴黎由法国总统萨迪·卡诺正式揭幕。当时，该所主要研究狂犬病的治疗，也研究一些其他的严重传染病。巴斯德一直以来忠诚的合作伙伴迪克洛、尚贝兰、格朗谢加入了这个新成立的研究所，而埃米尔医生也与巴斯德冰释前嫌，一起加入了进来。巴斯德的其他合作者也相继在世界各地设立了同名的研究机构，西贡、突尼斯、阿尔及尔、布拉柴维尔……

1895年，72岁的巴斯德第二次中风发作，9月28日与世长辞。在第一次中风偏瘫后，他用了约20年的时间，成为科学领域的一位巨擘。他的名字将永远与传染病治疗和疫苗研发联系在一起。

术语表（以在书中出现顺序排列）

原子
所有的物质都是由这种极小的微粒组成的。自然界中天然存在近一百种不同的原子，被称为化学元素，其中包括氧、铁、碳、金等。

具备资质的教授
通过中学、大学教师资格考试，获得教学资格的教授。

业士
法国独有的学位。法国中学每年举行毕业会考，通过考试后就会颁发业士学位证书，相当于大学的入学许可。

偏振光
会以某种方式朝着某个方向振动的光，但这是我们肉眼不可见的。

酵母菌
促使发酵作用发生的微小的真菌，可用于酿制葡萄酒、啤酒，也可以用于制作面包和抗生素。在巴斯德生活的时代，所有会引起发酵作用的微生物都被称为酵母菌，即使其实它是某种细菌。

分子
构成物质的极小的微粒。一个分子由多个相互连接的原子形成。

细菌
微生物的主要类群之一，通过一分为二的方式分裂繁殖。

博物学家
研究植物学、动物学、天文学等自然科学的学者。

无菌
不包含任何细菌且无法造成细菌的繁殖。

杆菌
一种椭圆形的细菌，形状像一根实心的小管子。

芽孢
细菌在遇到危险的外部条件时，为了保护自己而生成的一种生殖细胞。

伤寒
致命的传染性疾病，常见症状为发烧和腹痛。

病毒
非常小的传染性微生物。

产褥热
流产和刚分娩的产妇容易得的一种传染病，尤其是当胎盘组织残留在产妇体内时更易感染。

链球菌
由多个球菌相连组成的细菌，就像项链一样。

白喉
一种传染病，主要的患病群体是六个月的婴儿到十五岁的儿童，症状为发烧和类似于咽峡炎的喉咙痛。

弧菌
一种细菌，形状像逗号一样。

脊髓
自大脑延伸而出的神经，位于脊柱内。